BEI GRIN MACHT SICH IHR WISSEN BEZAHLT

- Wir veröffentlichen Ihre Hausarbeit,
  Bachelor- und Masterarbeit

- Ihr eigenes eBook und Buch -
  weltweit in allen wichtigen Shops

- Verdienen Sie an jedem Verkauf

Jetzt bei www.GRIN.com hochladen und kostenlos publizieren

Biologische Psychologie. Grundlagen der Wahrnehmung und Aufmerksamkeitsstörung

Bibliografische Information der Deutschen Nationalbibliothek:

Die Deutsche Nationalbibliothek verzeichnet diese Publikation in der Deutschen Nationalbibliografie; detaillierte bibliografische Daten sind im Internet über http://dnb.d-nb.de abrufbar.

ISBN: 9783346941596
Dieses Buch ist auch als E-Book erhältlich.

Druck und Bindung: Books on Demand GmbH, Norderstedt Germany
Gedruckt auf säurefreiem Papier aus verantwortungsvollen Quellen

Das vorliegende Werk wurde sorgfältig erarbeitet. Dennoch übernehmen Autoren und Verlag für die Richtigkeit von Angaben, Hinweisen, Links und Ratschlägen sowie eventuelle Druckfehler keine Haftung.

Das Buch bei GRIN: https://www.grin.com/document/1391920

Biologische Psychologie und Allgemeine Psychologie

I, Fallaufgabe plus

Inhalt

Lösung Aufgabe 1: Grundlagen der Wahrnehmung

1.1 Wirken viele Reize auf die Sinnesorgane ein, setzen sensorische Rezeptionsprozesse ein, diese Selektionsfunktion der Aufmerksamkeit verdeutlicht sich im sog. Cocktailpartyeffekt, welcher die Situation beschreibt, dass man in einer Party mitsamt unüberhörbarem Stimmengewirr trotzdem seinen eigenen Namen (hier eben Marie) hört (vgl. Müsseler; Rieger, 2019, S. 104f; vgl. Myers, 2014, S. 94).

Das belegt, dass Menschen in der Lage sind, die für sie wichtigen Informationen aus dem allgemeinen Informationsdurcheinander herauszufiltern (vgl. Mangold, 2015, S. 54).

Wie Moray (1959) schon interpretierte, klammert eine Person nur diejenigen Informationen aus ihrer aufmerksamen Beachtung aus, die ihr gerade nicht wichtig sind, während relevantes, wie eben der eigene Name (hier eben Marie), sehr wohl identifiziert und erkannt wird (vgl. Bak et al., 2020, S. 73).

Sich auf bestimmtes zu fokussieren und anderes auszublenden ist die Filterungsmöglichkeiten die das Wahrnehmungssystem an unterschiedlichen Stellen des Wahrnehmungsprozesses selektiv eingreifen lässt (vgl. Werth et al., 2020, S. 27).

1.2 Steuern interne Wissensschemata die zielgerichtete Exploration der Umwelt führt dies zur Wahrnehmung von Objekteigenschaften, die das betreffende Schema entweder bestätigen oder anpassen, wobei Wahrnehmung somit in einem fortlaufenden Zyklus von der Registrierung von Umweltinformationen, der Integration ebendieser in Objektschemata, der dadurch gesteuerten Exploration, welche weitere Informationen erzeugt, wobei Wahrnehmung somit aktiv, weil ja meist zielgerichtete Handlungen vorliegen, welche die wahrnehmbare Information erst erzeugt (vgl. Lehrbuch Psychologie Springer, o. J.).

Der Handlungs-Wahrnehmungs-Zyklus ist als ein Kreislauf zu verstehen, welcher mit einem 1. Reiz beginnt, dh. dass Stimuli in der Umwelt Signale (beispielsweise als chemische Substanzen) generieren, welche auf den Wahrnehmungsprozess einwirken (beispielsweise Gerüche), trifft nun ein distaler Reiz, welcher auf den Eigenschaften des Objekts beruht, auf bestimmte Sinnesrezeptoren, entsteht dort ein proximaler Reiz (vgl. Quizlet, o. J.).

Im Zuge der 2. Transduktion wandeln Rezeptoren die auf sie treffende Energie (beispielsweise Licht) in elektrische Entladungsmuster um, während in den sensorischen Systemen die 3. Vorverarbeitung der empfangenen Signale erfolgt: durch die Verschaltung der Rezeptoren beeinflussen sie sich gegenseitig, was zur Kontrastschärfung genutzt werden kann, durch Konvergenz weniger Nervenzellen mit vielen Rezeptoren, können schwache Signale verstärkt werden, die zu bearbeitenden physikalischen Reize werden bereits auf den ersten Verarbeitungsstufen gefiltert (vgl. Quizlet, o. J.).

Die bewusste Wahrnehmung, 4., erfolgt mithilfe von Erfahrung, Interpretation und Informationen aus dem Gedächtnis; das Resultat des Wahrnehmungsprozesses ist die Bewusstwerdung der Reize (sog. Perzept) (vgl. Quizlet, o. J.).

Ein Wiedererkennen mithilfe des Gedächtnisses, welches durch erinnern, assoziieren, beurteilen und interpretieren uns das Wahrgenommene 5. verstehen lässt und uns daraus Entscheidungen für unsere Reaktionen ableiten lässt (vgl. Quizlet, o. J.).

Das Ergebnis der Wahrnehmung ist im allgemeinen eine 6. Handlung, wobei Handlungen durchgeführt werden, um Wahrnehmungen zu verändern (vgl. Quizlet, o. J.).

1.3 Es geht um den Ort der Selektion: Ausgehend von der im Jahr 1958 von Broadbent entwickelten Filtertheorie der Aufmerksamkeit, und der im Jahr 1964 von Treisman entwickelten Attenuationstheorie der Aufmerksamkeit, welche beide Theorien der frühen Selektion darstellen, wobei Broadbent nach dem Alles-oder-Nichts-Prinzip nur von einem zentralen Verarbeitungskanal ausgeht, welche sich grundsätzlich auf die Fähigkeit bezieht, einige Informationen zu selektieren und andere zu ignorieren, während Treisman auch die Weiterleitung und Verarbeitung nichtbeachteter Informationen nach dem Mehr-oder-Weniger-Prinzip zulässt, kann man bei der frühen Selektion von einer inhaltlichen Verarbeitung lediglich ausgewählter Reize ausgehen, deren Auswahl anhand der Selektion grundlegender Reizmerkmale erfolgt (vgl. Müsseler; Rieger, 2019, S. 107f; vgl. Müller et al., 2015, S. 11ff).

Somit ist bei der frühen Selektion eine Entscheidung über relevante Information und irrelevante Information bereits direkt nach der Wahrnehmung des Sinnesorganes gegeben (vgl. Müsseler; Rieger, 2019, S. 107).

Bei der späten Selektion gehen Deutsch und Deutsch im Jahr 1963 davon aus, dass alle Eingangsreize vollständig analysiert werden, wodurch die Selektion spät, und eine Weiterverarbeitung dann nur für jene Reize erfolgt, die für die momentane Aufgabe am relevantesten sind (vgl. Müsseler; Rieger, 2019, S. 108).

1.4 Lavie geht in seiner Perceptual Load Theorie von der Annahme aus, dass bei parallel ablaufenden Reizverarbeitungen auch von einem gleichzeitig limitierten zentralen Kapazitätsmodell auszugehen ist (vgl. Swoboda, 2015, S. 9).

Ob also „die Aufmerksamkeit früh oder spät wirkt, hängt von den Anforderungen der Aufgabe an die Selektion des relevanten Reizes (Zielreizes) ab, also von der Belastung der perzeptuellen Verarbeitung (auch als perceptual load bezeichnet)" (vgl. Müsseler; Rieger, 2019, S. 108).

Lösung Aufgabe 2: Aufmerksamkeitsstörungen

2.1 Es gibt zwei neuropsychologische Phänomene, welche Defizite der ortsbezogenen Aufmerksamkeit darlegen, der unilaterale Neglect und das diesem verwandte Phänomen der Extinktion (vgl. Müller et al., 2015, S. 93; vgl. Becker-Carus; Wendt, 2017, S. 224; vgl. Müsseler; Rieger, 2019, S. 125).

Haben erstere Probleme, Reize auf der kontralateral zur Hirnschädigung liegenden Raumseite zu explorieren und zu benennen; haben letztere zwar ebenso eine Vernachlässigung auf der kontralateralen Seite, welche allerdings nur auftritt, wenn sich neben einem Objekt im vernachlässigten Feld ein weiteres Objekt im intakten ipsilateralen visuellen Feld befindet: während also ein einzelnes Objekt im „schlechten" visuellen Feld durchaus gesehen wird, verschwindet es aber aus dem Bewusstsein, wenn ein weiteres Objekt im „guten" Feld erscheint (vgl. Müller et al., 2015, S. 93).

Neglect ist somit also eine neuropsychologische Störung, bei der der Betroffene eine Hälfte des eigenen Körpers und dessen umgebenden Raumes vernachlässigen, auch tritt Neglect infolge unilateralen Schädigungen im Gehirn durch einen Schlaganfall oder Blutungen auf (vgl. Müsseler; Rieger, 2019, S. 93).

In der Regel betrifft Neglect mehrere Sinne, wie Sehen, Hören, Somatosensorik (vgl. Müsseler; Rieger, 2019, S. 94), etwa das unbeabsichtigte Herabhängen eines Armes, das Übersehen und Nichtbeachten von Gegenständen oder das Ausbleiben einer Kopfbewegung bei einer Ansprache von der Seite (vgl. Hoyer et al., 2020, S. 301-302).

Der visuelle Neglect tritt infolge einer Schädigung des Temporallappens der rechten Hemisphäre auf und erklärt die fehlerhafte bildhafte Vorstellung oder die bildhafte Wahrnehmung von Objekten in der linken Gesichtsfeldhälfte (vlg. Becker-Carus; Wendt, 2017, S. 458).

Neglect geht oft mit einem Nichterkennen und Verneinen der Störung einher und tritt häufiger bei rechtsseitigen als bei linksseitigen Läsionen auf, auch in Verbindung mit einem Ausfall einer Hälfte des Gesichtsfelds aufgrund einer Schädigung der Sehbahn (vgl. Hoyer et al., 2020, S. 302).

2.2 Die Unaufmerksamkeitsblindheit (Blindsight-Phänomen) ist wie der Neglect den Limitationen der Verarbeitung von Selektionsprozessen der selektiven visuellen Aufmerksamkeit zuzurechnen (vgl. Müller et al., 2015, S. 70).

2.3 Bleiben auffällige Objekte unbemerkt, obwohl diese offenbar im lokalen Blickfeld der Aufmerksamkeit befinden, ist dies Ausfluss einer selektiven visuellen Aufmerksamkeit

(Veränderungsblindheit, auch choice blindness) (vlg. Becker-Carus; Wendt, 2017, S. 208f).

Je unähnlicher die visuellen Merkmale der Objekte, die den Gegenstand der Monitoringaufgabe bilden und Merkmalen, die das unerwartete Objekt charakterisieren, und je schwieriger die Aufgabe, desto eher tritt Unaufmerksamkeitsblindheit auf, die räumliche Nähe zwischen relevanter und irrelevanter Information spielt keine entscheidende Rolle (vgl. Müller et al., 2015, S. 70f).

Lösung Aufgabe 3: Rezeptoren und Reizverarbeitung

3.1 Die Sinnesorgane der Haut eines Menschen wandelt, mithilfe von dafür empfindsamen Rezeptoren, die auftreffenden Energiemuster in Nervenimpulse um, nach einer ersten Verarbeitung im Sinnesorgan an das Gehirn weitergeleitet werden (vgl. Mangold, 2015, S. 13).

Es kann zwischen Tastrezeptoren, Temperaturrezeptoren und Schmerzrezeptoren der Haut unterschieden werden:

Tastrezeptoren, auch Mechanorezeptoren, sind entweder Merkel-Tastscheiben, die auf lokalisierten Druck reagieren, Meissner-Körperchen, die reagieren, wenn etwas über die Haut streicht, oder Pacini-Körperchen, die auf Druck und Vibration reagieren, sowie Haarfollikelrezeptoren auf behaarter Haut, welche die Geschwindigkeit der Bewegung des Haares messen (vgl. Assen, 2016, S. 8; vgl. Schmithüsen; Anton, 2015, S. 182f).

Temperaturrezeptoren sind die neben den auf Wärme reagierenden Ruffini-Körperchen die auf Kälte reagierenden Krause-Körperchen (vgl. Assen, 2016, S. 8; vgl. Schmithüsen; Anton, 2015, S. 183f).

Schmerzrezeptoren sind freien Nervenendigungen nahe der Hautoberfläche und reagieren neben Schmerz auch bei Kitzeln und leichten Empfindungen (vgl. Assen, 2016, S. 8; vgl. Schmithüsen; Anton, 2015, S. 184f).

Generell kann zwischen Fern- und Nahsinnen unterschieden werden, wobei die Nahsinne Gegenstände betreffen, mit welchen körperlicher Kontakt besteht oder den Körper selbst; und die Nahsinne, die an einen Kontakt des wahrgenommenen Objektes mit dem Körper gebunden sind (etwa Berührungsfühlen, Tastsinn, Schmecken) zusammen mit den Fernsinnen die exterozeptiven Sinne bilden, da diese die Wahrnehmung körperexterner Gegenstände erlauben, während alle anderen Nahsinne Körperwahrnehmungen sind, das bedeutet Wahrnehmungen, deren Gegenstand der Körper selbst ist (vgl. Ansorge; Leder, 2017, S. 34).

Diese Sinne werden auch die interozeptiven Sinne genannt, wenn diese für interne Körperzustände sensibel sind, zum Teil gilt dies auch für die Schmerzwahrnehmung (vgl. Ansorge; Leder, 2017, S. 34).

Die Körperbewegungswahrnehmung, den Gleichgewichtssinn und das Körpergefühl werden auch die propriozeptiven Sinne genannt, da diese für die Wahrnehmung der Körperposition im Raum verantwortlich sind (vgl. Ansorge; Leder, 2017, S. 34).

Die Massage könnte somit die Meissner-Körperchen, die Pacini-Körperchen, die Merkel-Tastscheiben, sowie das Haarbalggeflecht als Wahrnehmung von Druck und Berührung auf unbehaarter Hautfläche, als auch die Ruffini-Körperchen und gegebenenfalls die Schmerzrezeptoren aktivieren.

3.2 „Die in den Sinnesorganen – genauer deren Rezeptoren – aus den Reizen erzeugten Erregungen, die zugleich eine Information über die verursachenden Reize enthalten, werden vom Nervensystem aufgenommen, in Impulsfolgen umgewandelt und entweder direkt oder über eine zentrale Verarbeitung und Integration an die reizbeantwortenden Organe, die Erfolgsorgane, ausgesandt." (Becker-Carus; Wendt, 2017, S. 33)

Dem Nervensystem kommt als Überwachungs- und Regulationsorgan eingehender und ausgehender Information die Aufgabe zu, Interaktionen des Organismus mit der Außenwelt wie auch das Zusammenspiel der einzelnen Teile des Organismus untereinander zu vermitteln und zu regeln (vgl. Becker-Carus; Wendt, 2017, S. 33).

Generell hängt die Weiterleitung eines somatosensorischen Reizes davon ab, ob es sich um einen niederschwelligen Rezeptor, welcher auf geringe Reizstärken wie Druck und Berührung (Mechanorezeptoren) reagiert oder um einen hochschwelligen Rezeptor, welcher auf größere Intensitäten und noxische Reize (Nozizeptoren) reagiert handelt, wobei die Weiterleitung und zentrale Verarbeitung somatosensorischer Neurone folgendermaßen erfolgt (vgl. Schmithüsen; Anton, 2015, S. 184):

Bei niederschwelligen Rezeptoren tritt das Axon in der Hinterwurzel ins Rückenmark ein und läuft am Hinterhorn vorbei zum Hinterstrang, dort läuft das Axon ipsilateral bis zur Medulla oblongata, wo sich die erste Synapse befindet fort (vgl. Schmithüsen; Anton, 2015, S. 184).

„Das nachgeschaltete zweite Neuron kreuzt hier auf die andere Seite [...] und läuft weiter zum Thalamus [...], wo sich die zweite Synapse befindet." (Schmithüsen; Anton, 2015, S. 184)

Das dritte Neuron bringt die Information letztlich zum primären sensorischen Cortex (vgl. Schmithüsen; Anton, 2015, S. 184).

Bei thermischen und hochschwelligen Rezeptoren, wie Thermosensoren, Nozizeptoren, tritt das Axon ebenfalls über die Hinterwurzel ins Rückenmark ein, doch diesmal läuft es direkt in das Hinterhorn hinein, wo sich die erste Synapse befindet (vgl. Schmithüsen; Anton, 2015, S. 184).

Das nachgeschaltete Neuron kreuzt auf zum Vorderseitenstrang, wo es bis zum Thalamus läuft, wo sich auch die zweite Synapse befindet (vgl. Schmithüsen; Anton, 2015, S. 184).

Das nachgeschaltete dritte Neuron bringt die Information zum primären sensorischen Cortex (vgl. Schmithüsen; Anton, 2015, S. 184).

Somit lässt sich die Reizverarbeitung bei Marie's Massage dahingehend zusammenfassen, dass durch die Hände und die Steine Informationen auf Marie's Haut auftreffen, welche über die Rezeptoren an Neuronen weitergeleitet werden, wobei die Transformation in elektrische Signale erfolgt, welche über Nervenbahnen und Rückenmark zum Gehirn führen, wo es an den Thalamus weitergeleitet das verarbeitete Signal an den somanotorischen Kortex sendet, wo die Reize (mechanische, Temperatur, Schmerz,…) weiterverarbeitet werden.

Lösung Aufgabe 4: Das Immunsystem

4.1 Wirkt ein Reiz übermäßig auf den Organismus ein, wird dieser Reizfluss als Stressor bezeichnet und bei diesem Organismus zu einer adaptiven Reaktion führt (vlg. Becker-Carus; Wendt, 2017, S. 559).

Stressstudien belegen die enge Vernetzung von Zentralnervensystem, endokrinem System und Immunsystem, wobei Stress sowohl akut als auch chronisch die Aktivität des Immunsystems verändern kann (vgl. Kirschbaum et al., 2020, S 238).

Von chronischem Stress spricht man, wenn der andauernde Erregungszustand, welcher daraus resultiert, wenn die verfügbaren inneren und äußeren Ressourcen als nicht ausreichend für die Bewältigung der Anforderungen erlebt werden (vlg. Becker-Carus; Wendt, 2017, S. 561), humorale und zellulare Immunmechanismen werden unterdrückt, je länger der Stressor anhält, desto mehr Aspekte des Immunsystems werden nachteilig beeinflusst (vgl. Kirschbaum et al., 2020, S 238).

Wird die erworbene Immunität durch akute Stressoren herabgesetzt, während angeborene Immunitätsmechanismen hochgeregelt werden, kurzzeitige Stressoren wie Prüfungen zudem eher zu einer Unterdrückung zellularer Immunitätsfaktoren führen, während humorale Prozesse unbeeinträchtigt weiterlaufen können (vgl. Kirschbaum et al., 2020, S 238).

4.2 Im Gegensatz zu vereinzelten depressiven Symptomen wie Traurigkeit, Erkrankungen oder sozialen Stresssituationen, kann von einer behandlungsbedürftigen depressiven Störung erst gesprochen werden, wenn deren Symptome eine bestimmte Zeitdauer, Persistenz und Intensität überschreiten (vgl. Beesdo-Baum; Wittchen, 2020, S 1028).

Traumatische Ereignisse können eine Störung der Funktionsweise der Hypothalamus-Hypophysen-Nebennierenrinden-Achse (HPA) bedingen, welche zu einer veränderten und dysfunktionalen Stressregulation führt, wobei derart dauerhaft erhöhte HPA-Achsen-Aktivität nicht nur mit erhöhten autonomen und endokrinen Antworten auf Stressreize, sondern auch mit vielfältigen Folgen für die kognitive Weiterentwicklung sowie mit einer erhöhten Krankheitsanfälligkeit verbunden ist (vgl. Beesdo-Baum; Wittchen, 2020, S 1043).

Jasmin könnte somit durch die Depression und der dadurch auftretenden Aktivierung der HPA Achse eine Immunsuppression entwickeln, welche zu einer erhöhten Anfälligkeit von Krankheiten führt.

Lösung Aufgabe 5: Das visuelle und das auditorische System

5.1 Die Umsetzung physikalischer Reize in Form von Schallschwingungen erfolgt über zwei unterscheidbare, hintereinander geschaltete Systeme (vgl. Becker-Carus; Wendt, 2017, S. 160): wird zunächst der ankommende Schall über ein mechanisch arbeitendes System verstärkt und den Rezeptorzellen zugeführt, welches als Transmission bezeichnet wird, folgt in einem zweiten Schritt die Transduktion genannte Umwandlung in neuronale Impulse, die über fünf bis sechs synaptische Verschaltungen zum Gehirn weitergeleitet werden (vgl. Becker-Carus; Wendt, 2017, S. 160).

Die Schwingungen erreichen über das äußere Ohr, welches aus Ohrmuschel und äußeren Gehörgang besteht, und treffen anschließend auf das Trommelfell, welches den Übergang zum geschlossenen Mittelohr bildet (vgl. Becker-Carus; Wendt, 2017, S 160ff).

Das Mittelohr besteht aus der luftgefüllten Paukenhöhle, welche dem Druckausgleich dient um das empfindliche Trommelfell vor Spannungen zu schützen, mit der darin befindlichen Gehörknöchelchenkette: Hammer (maleus), Amboss (incus) und Steigbügel (stapes) (vgl. Becker-Carus; Wendt, 2017, S. 163), wobei die ankommenden Schallwellen über das Trommelfell auf die Gehörknöchelchenkette übertragen werden, wobei diese über die Kippachse mitschwingen und diese Schwingung über den Steigbügel auf die Membran – sog. Ovales Fenster – des mit Flüssigkeit gefüllten Innenohres übertragen wird (vgl. Becker-Carus; Wendt, 2017, S. 163).

Dieses ovale Fenster trennt das Mittelohr vom Innenohr, wo das Gleichgewichts- und Hörorgan (auch als Schnecke (Cochlea) bezeichnet, welches aus mehreren Windungen und Skalen besteht, welche alle mit Lymphe gefüllt sind) in ein häutiges Labyrinth eingebettet sind (vgl. Becker-Carus; Wendt, 2017, S. 163); der eigentliche sonsorische Apparat, das cortische Organ, der als Basilarmembran (welches die akustischen Rezeptoren, die Haarzellen enthält) bezeichnet wird, befindet sich auf dem Boden der mittleren Skala (vgl. Becker-Carus; Wendt, 2017, S. 163).

Aus Cochlea und dem Labyrinth kommt je ein Hirnnerv (nervus vestibularis bzw. nervus cochlearis), welcher die aufgenommenen Informationen ans Gehirn weiterleitet (vgl. Schmithüsen; Anton, 2015, S. 196).

5.2 Auditive Raumwahrnehmung beruht darauf, dass die Lokalisation von Schallquellen auf minimale aber vom Wahrnehmungssystem erfassbare Unterscheide zwischen den Reizen zurückgreift, die von ein und derselben Schallquelle ausgehend an beiden Ohren ankommen, da das binaurale Hören auf den unterschiedlichen räumlichen Positionen der beiden Ohren basiert (vgl. Becker-Carus; Wendt, 2017, S. 169).

„Unsere Ohrmuschel besitzt eine Richtcharakteristik, wodurch Schallsignale je nachdem, in welchem Winkel sie auftreffen, minimal verformt werden." (Becker-Carus; Wendt, 2017, S. 169)

Ebendiese Schallmuster können offenbar zentral erkannt und zur Ortung verwendet werden (vgl. Becker-Carus; Wendt, 2017, S. 169).

Die Ortung einer Schallquelle (der Ruf nach Marie) erfolgt, in der Regel, wenn der Kopf in der einen oder anderen Richtung so weit bewegt wird, dass unsere beiden Ohren einen gerade wieder wahrnehmbaren Reizunterschied erhalten, somit stellt die Eigenbewegungen des Kopfes ein wirksames Mittel zur Lokalisierung dar (vgl. Becker-Carus; Wendt, 2017, S. 169f).

5.3 Während es beim Gleichgewichtssinn (sogenannter vestibulärer Sinn) darum geht, die Schwerkraft wahrzunehmen und die Körperlage zu registrieren, ist das Gehör auf die Schallwahrnehmung ausgelegt (vgl. Schmithüsen; Anton, 2015, S. 194).

Der Gleichgewichtssinn ist im Vestibularorgan repräsentiert, welcher sich im Labyrinth des Innenohrs befindet, mit Endolymphe gefüllt und von Perilymphe umgeben, wobei das Vestibularorgan seinerseits aus zwei Teilen besteht, den Maculaorganen, welche Linearbewegungen messen und den Bogengängen, welche Drehbewegungen messen (vgl. Schmithüsen; Anton, 2015, S. 198f).

Wenn Marie also nach der ruckartigen Kopfdrehung schwindlig wird, liegt das daran, dass die in diesem Hohlraumsystem enthaltene Flüssigkeit (sogenannte Endolymphe) durch die Drehbewegung den Reiz in ein Potenzial umwandelt und durch den aus dem Vestibularorgan jeweils kommenden Hirnnerv (Nervus vestibularis) an das Gehirn weiterleitet (vgl. Schmithüsen; Anton, 2015, S. 198f).

Der Transduktionsprozess erfolgt bei den Maculaorganen und in den Bogengängen durch die vorhandenen Zilien, wobei die Abscherung der Zilien in den Maculaorganen dahingehend erfolgt, dass es bei einer Bewegung zu einer Verschiebung von Basilarmembran und Othotlithen kommt, da die Othotlithen schwerer und somit Träger sind als die umgebende Masse, wobei die Härchen durch die Gelmasse mitverschoben werden und dadurch, dass die Macula sacculi senkrecht im Schädel liegt, und aufgrund der Schwerkraft, sind hier die Zilien immer etwas abgeschert (vgl. Schmithüsen; Anton, 2015, S. 199).

In den Bogengängen ist die Endolymphe sehr träge, daher dreht sich diese Flüssigkeit bei Drehbewegungen nicht mit, daher wird Druck auf die Cupula ausgelöst, die letztendlich nachgibt und sich biegt wodurch sich auch die Zilien biegen, welche sich in der Cupula befinden (vgl. Schmithüsen; Anton, 2015, S. 199).

Lösung Aufgabe 6: Wahrnehmungstagebuch

6.1 Sightseeing Rom

Hören, auditive Modalität, auditorischer Kortex, Fernsinn, Exterozeption, –
Stimmengewirr (Reiz), die Schwingungen der Luftmoleküle (Schall), Geräusche

(akustischer Reiz). Reiz: Schallwellen. Sinnesorgan: Ohr. Rezeptor: Haarzellen des Corti-Organs. Empfindung: Geräusche, Töne.

Die Geräuschkulisse in den Straßen Roms ist überwältigend, lauter, anders; es waren Stimmen, bellen, Autos zu hören.

Wie schon weiter oben ausgeführt, treffen Schallwellen auf das Ohr und werden über Ohrmuschel bis zum Trommelfell und über das Mittelohr, samt Hammer, Amboss, Steigbügel an das primäre Hörorgan, die Cochlea im Innenohr weitergeleitet, an die Basilarmembran übertragen, die damit verbundenen Haarzellen (das sind die Rezeptorzellen des auditiven Systems) durch die Bewegung dieser Membran geboten und Nervenendungen stimuliert, welche die mechanischen Schwingungen der Basilarmembran in neuronale Aktivität umwandeln (die Nervenimpulse verlassen die Cochlea in einem als Hörnerv bezeichneten Faserbündel, wo diese Fasern im Nucleus Cochlearis des Hirnstammes zusammenlaufen). So durchlaufen auditive Signale eine Reihe weiterer Nuclei auf ihrem Weg zum auditiven Cortex – das ist ein Bereich in den Temporallappen beider Gehirnhemisphären; höhere Verarbeitungsprozesse dieser Signale beginnen im autidiven Cortex.

Sehen, sensorische Modalität, visueller Cortex, Fernsinn, Exterozeption, – überwältigende Eindrücke, Hirnnerv - Nervus opticus, Funktion – visueller Sinn, bei Schädigung – Sehverlust. Reiz: Lichtwellen. Sinnesorgan: Auge. Rezeptor: Stäbchen und Zapfen der Retina. Empfindungen: Farben, Helligkeiten.

Sightseeing in Rom ist jedenfalls in Vatikanstaat eine visuelle Zeitreise in frühere Epochen, alles ist imposant, alt, ungewöhnlich für mein Auge, welches im (städtischen) Alltag meist mit Neubauten konfrontiert ist.

Über die Hornhaut wird das Licht über die vordere Augenkammer mit klarer Augenkammerflüssigkeit geleitet, und die Pupille, eine Öffnung der lichtundurchlässigen Iris. Um Licht zu bündeln, verändert die Linse, je nach nähe oder schärfe ihre Form. Das Licht durchläuft die Glaskörperflüssigkeit und trifft schließlich auf die Retina wo das durch die Pupille fallende Licht durch die Linse fokussiert wird, sodass ein scharfes Abbild auf der Retina entsteht, wo die Linse das Lichtmuster umkehrt (steht auf dem Kopf und ist spiegelverkehrt). Die Ziliarmuskeln können die Linsenkrümmung durch den Akkommodationsprozess so beeinflussen, dass ihre optischen Eigenschaften geändert werden können. Störungen der Akkommodation äußern sich in Kurz- oder Weitsichtigkeit. (Paerson S. 136)

Das Auge sammelt also Licht, welches gebündelt als neuronales Signal an das Gehirn weitergeleitet wird, somit werden Lichtsignale in Nervensignale umgewandelt, welches in der Retina geschieht. Die grundlegende Umwandlung von Lichtenergie zu neuronalen Reaktionen wird in der Retina durch Stäbchen und Zapfen – das sind zwei Arten lichtempfindlicher Rezeptorzellen – erledigt; diese Fotorezeptoren befinden sich im visuellen System am Übergang zwischen der Licht-Außenwelt und der neuronalen Verarbeitungs-Innenwelt. (Paerson S. 137)

Nahe des Retinazentrums befindet sich die Region Fovea, welche ausschließlich aus Zapfen besteht und die Region des schärfsten Sehens ist, wo Farben und räumliche Details erkannt werden. Bipolarzellen sind Nervenzellen der Retina, welche die Impulse vieler Rezeptoren kombinieren und das Ergebnis an die ebenfalls in der Retina gelegenen Ganglienzelle weiterleiten, welche die Impulse einer oder mehrerer Bipolarzellen zu einer einzigen Folge von Nervenimpulsen integiert. (Paerson S. 138)

Während die Zapfen der Fovea ihre Impulse zu den Ganglienzellen in der jeweils selben Region senden, laufen die Impulse der Stäbchen und Zapfen der retinalen Peripherie in gemeinsamen Bipolar- und Ganglienzellen zusammen. (Paerson S. 138)

Die Axone der Ganglienzellen bilden den Sehnerv, der diese visuelle Information aus dem Auge heraus- und in das Gehirn hineintransportiert. (Paerson S. 138)

Während Horizontalzellen die Rezeptoren untereinander verbinden, verbinden die Amikrinzellen Bipolarzellen mit anderen Bipolarzellen sowie Ganglienzellen. (Paerson S. 138)

Die als blinder Fleck bezeichnete Region nahe der Austrittsstelle des Sehnerves enthält keinerlei Rezeptorzellen. (Paerson S. 138)

Der endgültige Bestimmungsort visueller Informationen ist der Teil des Okzipitallappens des Gehirns, auch als primärer visueller Cortex bezeichnet. (Paerson S. 139)

Millionen Axone der Ganglienzellen, welche die beiden Sehnerven bilden, treffen im optischen Chiasma zusammen, wo sich die Axone der Sehnerven in zwei Bündel teilen. Die Hälfte der Fasern jeder Retina verbleibt auf der Seite des Körpers von der sie stammen, die andere Hälfte jedes Auges überkreuzen sich auf dem Weg zum inneren Cortex. (Paerson S. 139)

Die optische Information der beiden – als optischer Trakt bezeichneten – Faserbündel durchläuft den lateralen knieförmigen Nukleus im Thalamus, welcher die Information an für das Sehen zuständige kortikale Bereiche weiterleitet. (Paerson S. 139)

Farbensehen beruht auf Lichtstrahlen, welche physikalische Objekte auf die Sinnesrezeptoren reflektieren, wobei das elektromagnetische Spektrum Wellenlänge und Farbwerte bestimmt. (Paerson S. 141f)

Jeder Farbeindruck kann auf die drei grundlegenden Dimensionen Farbwert, Sättigung und Helligkeit beschrieben werden. (Paerson S. 142)

Farbenblindheit ist auf einen Gendefekt zurückzuführen. (Paerson S. 143)

Riechen, sensorische Modalität, Geruchssinn, gustatorischer Kortex, Fernsinn, Exterozeption, – Essen, Hirnnerv - Nervus olfactorius, bei Schädigung – Verlust des Geruchssinns. Reiz: Gerichtstragende Substanzen. Sinnesorgan: Nase. Rezeptor: Haarzellen des olfaktorischen Epithels. Empfindung: Düfte (moschusartig, blumig, verbrannt, pfefferminzartig).

Eine frische Pizza sondert in Form olfaktorischer Moleküle Düfte in die Luft. Die olfaktorischen Moleküle der frischen Pizza führen zum Geruchserlebnis, wenn sich eben diese Moleküle mit Rezeptorproteinen der olfaktorischen Zilien der Riechschleimhaut kommunizieren. Damit man sie riechen kann, müssen mehrere Nervenendigungen stimuliert werden, sind diese aktiv, transportieren sie die Geruchsinformationen zum Bulbus olfactorius (dem Riechkolben), einer Gehirnregion, die direkt oberhalb der Rezeptoren und unterhalb der Frontallappen des Großhirns liegt. Geruchsreize starten den Prozess des Riechens, da diese einen Zustrom chemischer Substanzen in Ionenkanäle olfaktorischer Neurone anregen. (Paerson S. 151f)

Schmecken, motorische und vegetative Modalität, primärer gustatorischer Cortex, Nahsinn, Exterozeption, – Pizza essen, Hirnnerv - Nervus facialis, Funktion - Geschmack motorisch: Gesichts- und Mittelohrmuskulatur, Drusen im Gesicht, bei Schädigung - Geschmacksverlust im vorderen Zungenbereich, Lähmung der Gesichtsmuskulatur, Schallüberempfindlichkeit. Reiz: lösliche Substanzen. Sinnesorgan: Zunge. Rezeptor: Geschmacksnerven der Zunge. Empfindung: Geschmacksempfindungen süß, sauer, salzig, bitter.

Gustation und Geruchssinn arbeiten beim Essen eng zusammen. Die Oberfläche der Zunge ist mit Papillen bedeckt, wobei viele dieser Ansammlungen von Geschmacksrezeptorzellen, auch Geschmacksknospen, enthalten. Die Rezeptorzellen unterscheiden zwischen süß, sauer, bitter und salzig, sowie (je nach Autor) auch umami, darunter ist ein Glutamat, ein Geschmacksverstärker, zu verstehen. Die dominante Reaktion gibt den Ausschlag. Für jede dieser grundlegenden Geschmacksklassen scheint es eigene Transduktionssysteme zu geben. Die Pizza war leicht salzig und umami, alleine schon die Tomatensauce bestand nicht nur aus Tomaten, sondern jedenfalls war ein Geschmacksverstärker beigemischt, was dem kulinarischen Erlebnis allerdings keinen Abbruch tat. (Paerson S. 152f)

Berührung, Sinne: Empfindungen der Haut,

Das gemütliche Beisammensein nach dem Essen mit leichter unterhaltsamer Konversation und emotionaler und körperlicher Nähe führte zu freundschaftlichen Umarmungen welche wortwörtlich „unter-die-Haut" gingen. Die Haut enthält Nervenendigungen, die Empfindungen von Druck, Wärme und Kälte erzeugen. Viele sensorische Informationen erhalten wir über unsere Haut, viele unterschiedliche Typen von Rezeptorzellen arbeiten knapp unterhalb der Körperoberfläche, wobei jeder Rezeptortyp unterschiedlich auf ein Muster von Hautkontakten reagiert. (Paerson S. 154)

Auf ein streicheln der Haut reagieren die Meissner-Körperchen, auf leichten Druck die Merkel-Zellen, wobei die Druckempfindlichkeit sehr stark je nach Körperregion variiert. Fingerspitzen können die Position eines Stimulus genau feststellen, ebenso im Gesicht und auf der Zunge, da dort die Empfindlichkeit am größten ist, wo diese am meisten benötigt wird. Die starke Empfindlichkeit verschiedener Körperregionen lässt sich daran erkennen, dass die Nervenendigungen dichter angeordnet sind und dass diesen Körperregionen ein größerer Bereich des sensorischen Cortex zugeordnet ist. (Paerson S. 154)

In der Rolle menschlicher Beziehungen kommt der Hautempfindlichkeit der Aspekt der Berührung besondere Bedeutung zu. Durch Berührung wird mit anderen Menschen kommuniziert, Trost, Zuneigung, Leidenschaft. Unterschieden wird darin, wo wir berührt werden oder wo wir jemanden berühren. So sind jene Regionen der Hautoberfläche, welche erotische oder sexuelle Empfindlichkeiten auslösen unter erogene Zonen bezeichnet. Es gibt aber auch noch andere berührungsempfindliche Regionen welche sich von Mensch zu Mensch unterscheiden und erotische Empfindungen auslösen, je nach Erregungszustand, gelernten Assoziationen und der Konzentration sensorischer Rezeptoren in dieser Region. (Paerson S. 154)

6.2 Nach Bearbeitung der Fallaufgabe kann ich eine Veränderung meiner eigenen Wahrnehmung feststellen, ich gehe bewusster durch die Welt, nehme Dinge wahr, welche ich zuvor bereits mehrmals (unbewusst) gesehen, aber nicht (bewusst) wahrgenommen habe, erkenne Details welche mir zuvor nie aufgefallen sind, nehme Dinge wahr, welche ich nicht mehr nur als gegeben hinnehme, sondern selbst reflektiere und einordnen kann.

Literaturverzeichnis

Ansorge, U., Leder, H. (Hrsg. Kriz, J.), (2017). Wahrnehmung und Aufmerksamkeit. 2. Auflage. Springer, Berlin, Heidelberg.

von der Assen, C. (2016). Crash-Kurs Psychologie. Semester 1. Springer, Berlin, Heidelberg.

Bak, P. M., Felser, G., Fichter, C. (Hrsg.), (2020). Angewandte Psychologie Kompakt. Wahrnehmung, Gedächtnis, Sprache, Denken. Springer, Berlin, Heidelberg.

Becker-Carus, C., Wendt, M. (2017). Allgemeine Psychologie. Eine Einführung. 2. vollständig überarbeitete und erweiterte Neuauflage. Springer, Berlin, Heidelberg.

Beesdo-Baum, K., Wittchen, H.-U. (2020). Depressive Störungen: Major Depression und Persistierende Depressive Störung (Dysthymie). In: Hoyer, J., Knappe, S. (eds) Klinische Psychologie & Psychotherapie. Springer, Berlin, Heidelberg.

Hoyer, J., Knappe, S. (Hrsg.), (2020). Klinische Psychologie & Psychotherapie. 3. vollständig überarbeitete und erweiterte Auflage. Springer, Berlin, Heidelberg.

Kirschbaum, C., Domschke, K., Heinrichs, M. (2020). Biopsychologische Grundlagen. In: Hoyer, J., Knappe, S. (eds) Klinische Psychologie & Psychotherapie. Springer, Berlin, Heidelberg.

Lehrbuch Psychologie Springer (o. J.). Glossar: Handlungspsychologie. https://lehrbuch-psychologie.springer.com/lexikon/3264 (06.06.2022).

Mangold, R. (2015). Informationspsychologie. Wahrnehmen und Gestalten in der Medienwelt. 2. Auflage. Springer, Berlin, Heidelberg.

Müller, H.J., Krummenacher, J., Schubert, T. (2015). Aufmerksamkeit und Handlungssteuerung. Springer, Berlin, Heidelberg.

Müsseler, J., Rieger, M. (Hrsg.), (2019). Allgemeine Psychologie. 3. Auflage. Springer, Berlin, Heidelberg.

Myers, G. (2014). Psychologie. 3. Auflage. Springer, Berlin, Heidelberg.

Quizlet (o. J.). Wahrnehmung - Wichtige Begriffe. https://quizlet.com/de/570966896/wahrnehmung-wichtige-begriffe-flash-cards/ (06.06.2022).

Schmithüsen, F., Anton, F. (2015). Biopsychologie. In: Schmithüsen, F. (eds) Lernskript Psychologie. Springer-Lehrbuch. Springer, Berlin, Heidelberg.

Swoboda, P. (2015). Implizites und explizites Gedächtnis für relevante und irrelevante Farben. Wien: Universität Wien.

Werth, L., Denzler, M., Mayer, J. (2020). Sozialpsychologie – Das Individuum im sozialen Kontext. Wahrnehmen – Denken – Fühlen. 2. vollständig überarbeitete Auflage. Springer, Berlin, Heidelberg.